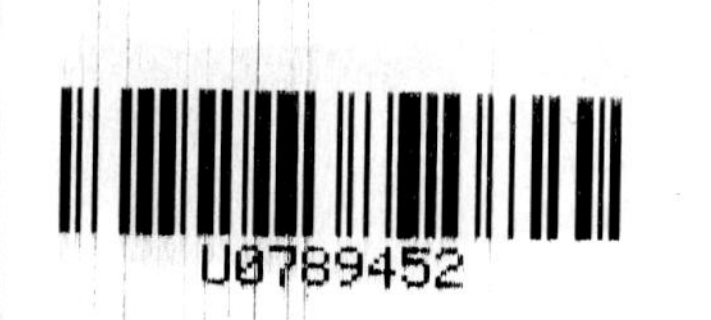

鄉寧縣志卷之四

人文志

名宦

已按自昔名公譽鄉宦於茲土者歷世雖遠而民猶詠頌不衰斯其實有所表著非苟而已也

宋劉舒 皇祐三年任初縣治附河數遭水患舒改遷故壘即今鄉寧城自是民有寧宇

鄉賢

晉荀息 獻公時為大夫請假道於虞以伐虢師還襲虞滅之獻公卒受遺命輔奚齊曰臣竭其股肱之力不濟以死繼之及里克殺奚齊息立卓子又見殺息遂死焉君子曰詩

所謂白圭之玷尚可磨也斯言之玷不可為也其荀息之謂乎今入鄉賢祀之

隋王通 字仲淹幼篤學慨然有濟蒼生之志詣長安奏太平十二策不見用退居河汾教授生徒倣古作經又為中說以擬論語大業初徵不出及卒門人謚曰文中入祀鄉賢

隆吉曰宋縣令劉公舒改建城邑及其殁也人效畏壘尸祝之非謂其勳烈足名於世耶晉如荀大夫息隋文中子通非為其賢耶寧之名宦鄉賢自漢唐以来載籍久湮文獻無徵彬章弗傳者不知有幾姑以舊志所載者著於篇

官屬

已按

國家設官分職厥惟舊哉其綰綬茲土者漢唐以前莫之考云姑以往牒所睹記者志之以備參考縣本全設縣丞主簿裁革未詳訓導一員革自嘉靖三十八年今知縣一員典史一員儒學教諭一員訓導一員廩膳生員二十名增廣生員二十名附學生員不限以数○巡檢萬曆十七年裁去○陰陽訓術一員○醫學訓科一員○六房吏房一户司典各一禮一兵司典各一刑典二工典二承發司典一鋪長司司一架閣庫典一○儒學司吏一名○陰陽生五名○醫生四名○老人十名里長十名○木鐸四名保長十名

知縣

宋劉舒皇祐年任今祀於名宦祠

元宋景祁至元年任改建縣治○牛天麟恒山人元貞年任重建文廟作興學校○劉君弼泰定間任

國朝知縣
荆守正洪武八年任脩置有功○王璡宣德間任○王錦正統間任○陶鎔正統間任楊薦表瓚成化間任○崔瑞直隸東鹿人脩廢起敝政治一新弘治間任○劉教河南鈞州人弘治十二年任○彭璠河南靈寶人弘治十七年任○党爵陝西朝邑人由舉人正德間任才堪治劇詢本府曲沃縣○趙元河南汲縣人由監生敷政公亷創建城池陞本府通判○王楊直隸高陽

人由舉人嘉靖元年任莅政勤慎造士愛民○崔志仁山東膠州人由舉人○原述陝西蒲城人由舉人嘉靖八年任○許廷璋直隸順天人由舉人○王賢山東汶上人由舉人莅政寬嚴相濟○李洪江西人由舉人○楊鵬直隸新城人由舉人脩學愛民陞平涼府通判○張思正陝西洛南人莅政寬平○梁守簡直隸涿州人由舉病狂去任○惠及民陝西三原人由舉人○張季霖山東息縣人由舉人○陳淑善陝西

涇陽人由舉人任期年卒於官○楊九皋陝西涇陽人由舉人才守兼全吏民頌之○張雲從由監生陝西泰州人嘉靖三十四年任政尚嚴毅奏减民賦吏民思之○王天祐河南偃師人由舉人○劉旁湖廣興國州人由舉人溫雅有度重學士○王國禎山東陽信人性剛而廉法嚴而酷縣學城獄半為修建左遷教授○馬秉直陝西三水人由選貢隆慶二年任有平土賊功○張一敬山東朝城人由舉人隆慶六年任

精明歷練強毅有為減賦清田民懷吏畏為一時循吏冠邑人思之無已公舉入祀名宦○李枝陝西咸寧人由舉人萬曆四年任均賦役賑涸鮒興學育才築城濬河政簡刑清吏民懷之監去思碑陞大名府通判○劉昇山東萊陽人由選貢萬曆九年任清凈淡泊癯然寒素置學田四頃四十餘畝有碑記存陞陝西卯州知州○崔允恭山東膠州人由選貢萬曆十三年任廉明剛果政尚寬平陞直隸保定府通判○焦守已山東青城人

由舉人萬曆十七年任心對天地政妙寬嚴刑清訟息吏習民安興學校清稅粮脩廢墜發隱奸士廉慷之監去思碑陞陝西平涼府通判
王承教陝西朝邑人由舉人萬曆二十二年任端雅不浮之度精詳獨運之才被刁悍誣士民惜之○唐允中直隸威縣人由舉人萬曆二十四年任詰奸懸三尺法嚴馳窒課四郊春滿淡歲憂制而去人恒思之○李時茂陝西乾州人由舉人萬曆二十六年任練才興治銳意作人真誠可對天知粹白允乎人望守謝一塵勤興百廢弊實多方振刷凋瘵亟意撫摩節愛恤民嚴明馭吏以上俱保薦考成語堂書本縣士主神位昕夕誓箴捐俸創修常平倉廠添修養濟院房修理儒學號舍清逋賦完額稅每季校士朔望講論鄉民質訟上官詞內有願批廳明鄉寧李青天之語卷照兩院交薦三載考績
恩綸勅命褒封實自今始前此未有也

[illegible — severely faded vertical Chinese text, read right-to-left in columns]

[illegible]
[illegible]
[illegible]
[illegible]
[illegible]
[illegible]
[illegible]
[illegible]
[illegible]
[illegible]
[illegible]
[illegible]
[illegible]
[illegible]

徐鳴琛山東德州人錄選貢文學優而病難于
政事○彭萬里湖廣景陵人錄舉人廉明不苛
之政倜儻有用之才愛民作士三年考滿陞陜
西漢中府同知○高城北直清苑人錄舉人正
大光明去奸庇民以忤上去任○王家柱河南
偃師人錄選貢平易近民陞饒州府通判○紀
大緒北直文安人錄歲貢和平恬雅○秦一藩
陜西蒲城人錄舉人嚴明敏快調繁太平縣○
王承惠直隸開平衛人錄歲貢才識熟練期月
被論寃抑○陸宗贄湖廣江陵人錄舉人純篤
學者以詿奸被論○張文熠陜西褒城人錄歲
貢有古長者風病卒于任○吉三重陜西華州
人錄歲貢忠厚純懿勞瘁○張夙行山東掖縣
人錄舉人胸中有機肇下有刃陞開封府同知
○楊偉績山東萊陽人錄歲貢有才識有膽力
調繁聞喜縣○李節亨貴州人錄恩選青年粹
質爲趣生所誤被論而卒于客境惜哉○王擢
北直沙河人錄歲貢明而微愨被論

[illegible] 入聲歲貢 [illegible] ○ [illegible]

[illegible] ○ [illegible]

○ [illegible] 入聲 [illegible]

[illegible] 入聲歲貢 [illegible]

[illegible] ○ [illegible] ○ [illegible]

[illegible] ○ [illegible] ○ [illegible]

[illegible] ○ 縣天 [illegible] 入 [illegible]

[illegible] ○ [illegible]

[illegible] ○ [illegible] 入聲 [illegible]

[illegible] 入聲 [illegible] ○ [illegible]

[illegible] ○ [illegible]

[illegible] ○ [illegible]

[illegible] ○ [illegible] 入聲 [illegible]

[illegible] ○ [illegible]

[illegible] ○ 山東 [illegible] 入聲 [illegible]

楊家龍北直真定府曲陽縣人縣選貢崇禎十年任性秉直心堅持亮節災傷竭力拊綏艱窘多方調劑當流寇蹂躪之後值兵荒交際之時人民流離殆盡地土荒閑最多非公廉愛招徠開墾則邑不成邑矣故精神備注于撫字瘡痍漸起于閭閻一切慈祥惠政盈冊難述惟清操若節三載如一不惟晉中稀有即海內不多見也若在清平論治當與鎮朔臣李乾州姚美齊芳但就今日論則才守德澤之流灌於地方者較二公又高出一頭非可以尋常廉吏言也故特表而出之

我朝貢士

鄭倬貢任河南河南府同知崇雅三子○武羅龍貢初任直隸滑縣知縣調河南登封縣知縣陞東城兵馬司指揮○楊攀桂辛巳貢任屯留訓陞沁源教諭○楊騰桂癸未貢任湖廣武昌府咸寧縣知縣俱尉子○趙紹聚甲申恩貢任浙江金華縣縣丞致仕○田盛玉甲申歲貢任山東定陶縣知縣○閆倬乙酉功貢任陝西鞏昌府同知○文鐸乙酉功貢任陝西西安府撫民同知○武作英乙酉功貢初任陝西臨洮府同知署臨鞏道一載萬民戴德有去思碑陞平涼府知府羨仲子○王纘聖乙酉功貢初任陝西西安府清軍同知署潼關道頌聲載道今陞湖廣常德府知府○賈應鳳丙戌貢任汾州府寧鄉縣訓導○楊華鳳戊子歲貢○文銳戊子拔貢廷試府通判鄭基隆庚寅歲貢○文鑑乙酉考授鴻臚寺序班

閻庠順治乙酉年功用生員任河南延津縣知縣

我朝知縣

王昌運直隸沙河縣人由貢士順治二年任率真耳發任秉义向大有裨於地方不幸遭賊之害邑人惜之

張士彪遼東人由生員順治三年任實心實政為國為民大有擔當絕無阿承徵糧無額外之增處變多保全之恩今有去思焉

王餘直隸吳橋人由進士順治五年任賦性倜儻存心廉潔且造士撫民深有可法者

侯世爵遼東錦州人由貢士順治七年任德政不能贊一詞見任不敢替一詞況上有耳目下有口碑乎顧祇贊之自謚實殘邑之多福

[illegible] 由貢士入國[illegible]
[illegible] 其[illegible]入由貢士[illegible]
王昌[illegible][illegible]入由貢士[illegible]
[illegible][illegible]入由[illegible]
[illegible]士[illegible][illegible]三十[illegible][illegible]
國[illegible]為[illegible]大[illegible][illegible]國[illegible][illegible]
[illegible][illegible][illegible]縣令[illegible]
王[illegible]由[illegible]貢士[illegible]
[illegible][illegible]貢士[illegible][illegible][illegible]
[illegible] 本卷[illegible]
[illegible]貢士[illegible][illegible]十[illegible]不
[illegible][illegible]一時[illegible][illegible]百[illegible]
[illegible]之官[illegible]會[illegible][illegible]

典史

宋張俱明○元郭廷薦○王美

國朝主簿王暉狄道人永樂間任處心廉潔為政慈祥撫字有方民懷其德見山西通志名宦內

國朝典史郭文秀吏員○牛達錦川人吏員○李斂○張盤因賦自縊○向政○王浩○陳晟○相瑄山東沂水人○竇讓○張毛○何智河南

人○劉伯曉陝西昌平人○楊鏡○耿恭直隸滦州人○彭守楊四川人陞河南光州吏目○劉時仁直隸蘇州人○郭正祥四川丹陵人陞雲南吏目○鄭呆直隸保定人○吳宗堯隆慶二年任善於捕盜○蔣大經直隸順天籍○一鄉直隸盧龍人○成騰龍陝西涇陽人○高約陝西膚施人○程世康直隸趙州人○南柄陝西商州籍渭南人曉析法律陞文水縣主簿○徐文鍾浙江山陰人萬曆十四年任○黃邦村

浙江建德人清勤謹恪○白添岐陝西渭南人

佐邑惟肅承委咸宜萬曆十八年任○田理四

川峩眉人萬曆二十二年任陞陝西秦府典儀

正○章一彩浙江遂安人萬曆二十四年任以

憂制去○黃正陽湖廣黃岡人萬曆二十六年

任陞淮府庫大使○范愛河南閿鄉人萬曆二

十七年任委用勤慎

國朝教諭

馬膺宣德間任○康昭正統間任○常恭河南上蔡人○陳簡永寧人○寇恕陝西人○王理高陵人○侯佐山東單縣人○鄒亮陝西洋縣人正德間任○師達山東壽章人嘉靖元年任○劉時舉陝西高陵人○朱綉河南彰德人○李樹遼東金州衛人○徐從膺河澗人○李世

用四川人陞蒙化府教授○宋晨直隸順天府人能詩翰善訓士○謝與成直隸益城人嚴厲設科生徒畏憚陞教授○周璟河南許州人○崔鏞直隸真定人○歐陽明陝西文縣人○閔江崇信縣人○黃洲河南信陽人隆慶元年任陞汾西府教授○張大綸直隸沙河人隆慶六年任○栗儒萬曆二年任○張鶚直隸人○郝天爵順天府昌平州人○李忻直隸河澗府任丘人○王賜鍾直隸真定府安平人萬曆九年

任○樊士禎陝西乾州永壽人勤考課興士風陞陝西鳳翔府學教授萬曆十三年任○楊榛河南獲加人秦浹月以憂去○孫隆吉陝西長安人由舉人萬曆十四年任工詞翰興後學登壬辰進士○楊亨陝西秦州人由舉人萬曆二十年任恃洽勤謹接遇溫和舉業課士風節勵人○王鶚山西代州人萬曆二十六年任○安定河南許州襄城人萬曆二十八年任

訓導馬大山○彭程○陳逢直隷曲陽人○劉琛山東聊城人○張時中○梁瓚○綦啟河南汝州人○劉忠直隷新安人○劉渾○韓有志○劉文盛○龔鳳翔山東濟河人陞興平教諭○趙續陝西涇陽人陞樂平教諭○馬浩然山東信陽人○張進山東德州人○羅文直隷青縣人鄭朝河南汝寧人陞大寧縣教諭○郭承芳河南獲加人○張和賔山東益都人○李學書陝西鄜州人陞平順教諭○王嘉士直隷河間人陞國子監學録歷官荊州府通判○李東河南

永成人○靳仕山東長青人○田維志直隸高陽人○荀文四川昭化人○王用儒直隸滿城人操守無議立教有方陞山西平陸縣教諭○安世勳陝西郃陽人○高經山西保德州人萬曆八年任○平邊山西壺關人陞陝西秦安縣教諭○王九錫山西沁源人以憂去○丘戀陝西神木人萬曆十八年任老成忠厚教範謹嚴王易俗清源人二十一年任○王三聘清源人二十四年任○周興忻州人二十八年任

隆吉曰呂東萊氏謂關設鄉校必立師儒之官以董正之思深哉其言之也以是知令全五善而兼慈愛師兼恩義而全標植縣史戢在緝捕故令不失慈師不毀範史不呰窳實設官意矣特志之

巡檢司巡檢萬曆十七年裁革

陰陽學訓術一員○醫學訓科一員○僧會司僧會○道會司道會

科貢表

已按國家求賢求得其人焉耳古選舉以里以

鄉今選舉以庠以學古選舉以行以人今選舉以文以
地是故甲之外有鄉鄉之外有貢茲非科貢之表耶
元進士
費瑾以儒雅見推官至郎中
董謐官至司務相副
國朝進士
王培齡嘉靖己丑科與齡之兄
王與齡嘉靖己丑科培齡之弟任吏部文選司郎中
以遷言除籍隆慶初贈太常寺少卿

鄭崇儉萬曆丙辰聯捷進士初南直蘇州府推
官丁艱補河南府行取兵部選司主事陞本部
青黄郎中陞山東濟南道副使陞陝西涼州參政
轉井州燕使陞寧夏巡撫標虜有功廕子鄭愛
民錦衣衛副千户見陞陝西三邊總制兵部右
侍郎兼都察院右僉都御史
欽命劉[illegible]屡次奏捷

國朝舉人

梁毅洪武丁卯科官至陝西道監察御史

張英洪武庚子科任户部主事

史祿永樂甲午科任陝西真寧縣知縣

丁寧永樂丁酉科未任

賈禎永樂丁酉科未任

謝荆永樂庚子科任兵部主事

王江弘治甲子科任河南衛輝府通判炳煜祖

我朝進士

王廷傑由順治丙戌科聯捷進士初任直隷行唐縣知縣調湖廣鄖縣知縣

楊濬奐由順治丁亥科進士丙子科舉人任河南湯陰縣知縣

順治十六年八月初五日衛賊入城任宗亮等領外

招兵拒城六個月房屋燒毁大半財物劫掠一空

人民逃散避居山寨若非

侯父母到任平除招撫鄉寧幾無孑遺矣

王培齡嘉靖乙酉科亞元
王興齡嘉靖戊子科見進士
王炳萬曆乙酉科木伯子未仕
王煜萬曆乙酉科木仲子炳之弟

國朝貢士

李茂洪武丙子貢任山東行都司斷事〇李滜洪武戊寅貢任丹陵知縣〇沈璇洪武庚辰貢任山東青州府檢校〇楊善貢永樂甲午任江西永寧知縣〇賀爵洪武壬午貢任湖廣襄陽

府檢校〇劉清永樂丙戌貢任山東蒲台知縣高顯永樂戊子貢任陝西樂川縣丞〇鮮理貢永樂庚寅任河南陳留縣丞〇楊鵬永樂壬辰貢未仕〇趙禧永樂甲午貢〇楊崇永樂丙申貢〇孫芝永樂戊戌貢〇趙緯〇張美永樂壬寅貢任金吾衛經歷〇張檉〇王聰〇盧文宣德丙午任遼東倉副〇李善宣德戊申任陝西寧夏倉副〇閻忠任陝西慶陽府經歷〇李鈞宣德壬子貢任河南孟縣丞〇劉洪貢丙辰任

河南封丘主簿○王綱貢戊午任陝西寧州吏目○文憲貢庚申○高昭貢甲子○鄭成貢壬戌任山東萊州府經歷以上俱正統年○王澤民貢戊辰○曹顥貢庚午○劉純貢壬申○劉俊貢甲戌以上俱景泰年○梁復俊貢戊寅○閆斌貢庚辰○申忠貢壬午任陝西洛川主簿鄭茂貢甲申以上俱天順年○段祓貢乙酉任直隸冀州吏目○賈寧貢丙戌任河南蘭陽主簿○王安貢戊子任江西臨川主簿○張迪貢

庚寅任荆府典儀○魯哲貢壬辰任河南上蔡縣丞○呂顒貢甲午任山東汶上主簿○趙翔貢丙申任陝西耀州吏目○楊萃貢戊戌○師哲貢庚子任陝西華州判○喬聰貢壬寅任陝西安化縣知縣○李傑貢甲辰任直隸保安州吏目○劉愷貢丙辰任直隸元代縣丞以上俱成化年○王傑貢戊申任山東長樂教諭江之父○龐清貢庚戌未任○李剛貢壬子任河南中護衛經歷○王欽貢甲寅任陝西會寧知縣

賀文貢乙卯任直隸南樂主簿○閻潤貢丙辰任直隸華亭主簿○張安貢丁巳○梁材貢戊午任直隸成安主簿○王爵貢己未任直隸薊州知州○李尚質貢辛酉○李視遠貢癸亥任陝西真寧知縣○李文綉任直隸豐潤縣丞以上俱弘治年○翟春貢丁卯○劉鐙任山東陽信縣丞○閆翀任直隸蘇州衛經歷○王珏任陝西白水縣丞○陳鳳○王淮任陝西蒲城縣丞○呂相任陝西涇陽縣丞○高鐸任山東聊

城縣丞以上俱正德年○陳鸞貢壬午任直隸新安縣丞○王鉞貢癸未○李禄任河南延津主簿○尚鑑○梁廷佐任直隸內黃縣丞○王廷相貢庚寅任肅府典寶○張登龍貢壬辰任陝西鄜縣知縣○藺馨貢癸巳任陝西洛川主簿○趙景陽貢甲午任山東即墨縣丞○王鶴貢丙申○史進任湖廣德安照磨○魯忠任金壇府教授○劉應奎○王任良○王嘉政貢壬寅任陝西行大僕寺丞○王嘉會貢甲辰任陝

西三原縣丞○謝學任河南輝縣主簿○王鶚
貢戊申任山東壽城縣丞○高汝聽任河南葉
縣主簿○楊紀貢壬子任直隸魏縣主簿○閆
九皋任直隸永平府照磨○喬尚文任陝西寧
夏教授○王嘉寵貢戊午○劉充道任河南息
縣教諭○王喬齡壬戌○王敏學貢甲子任長
州府訓導陞榆次教諭以上俱嘉靖年○陳錦
貢丙寅任陝西卯州同知歷陞河南布政司理
問陝西鞏昌府通判山東德府長史○王整貢

戊辰任河南衛輝府通判○王嘉傳貢己巳任
陝西臨洮府經歷陞遼東廣寧衛經歷○李榛
貢庚午任陝西商南縣教諭陞代州學正以上
俱隆慶年○陳汝翼○王嘉禾任陝西甘州衛
經歷○鄭和器未任○張文通萬曆癸酉貢任
朔州訓導陞靜樂教諭○閆汝綸未仕○毛炳
萬曆戊寅貢中乙酉科未仕○鄭都萬曆庚辰
貢任山東泰安州訓導陞陝西清水縣教諭菁
莪作人兩地與恩家值歲荒以所得俸余盡濟

活族人而鄉黨求助者無弗應人皆以文正公許入祀鄉賢○王嘉孝萬曆壬午貢任汾州訓陞榆社教諭岳州府教授○喬光顧任桃源縣知縣○蘭宗夔丙戌貢任朔州訓導○王詠庚寅貢歷陞山丹衛教授○鄭崇推萬曆戊子貢任介休訓陞徐溝諭○賀階壬辰貢任陝西鎮原教諭○楊鳳鳴甲午選貢任河南洸丘縣知縣○閆欽丙申貢任靈石訓導○鄭效戊戌貢聰明博覽任樂平訓陞欒州正署昌黎縣士民

感德立碑陞大同授以俸金置義塚尤精於醫道活人最多入祀鄉賢邦器子○劉澤辛丑恩貢任任丘訓導○王濯庚子貢任河南畢縣訓署縣士民感德立碑後又立去思碑陞蔚州正林居二十餘年鄉評甚重○安國臣壬寅貢任陽曲訓導○陳所養任榆次訓○鄭崇義效之仲子任孝義縣訓陞蘭州學正端謹有終○武守德未仕○張椪任湖廣澧州判○張朝則未仕○周詔未仕○閆國璋教之子未仕○高應

聘未任○孟發任屯留訓 ○閆國瑞任山東齊
河王傳陞衛經歷○楊蔚中丙午科副榜未任
卒邑人惜之○王廷傑泰昌恩選耀之仲子丙
午科副榜○鄭偉壬子副榜未仕卒崇雅長子
○鄭儼天啟恩選任膠州同知陞萬全都司經
歷崇雅仲子○劉濟任太原府訓○王之禎嘉
傳子未仕卒○閆可録甲子科副榜補之禎貢
任陝西寧州同知○成美任朔訓見陞陝西金
縣知縣○盧端崇禎元年恩貢任直隸元城縣

縣丞陞衛經歷○安國器病未廷試○王廷俊
補國器貢初任陝西延川縣知縣半載以貊項
除籍大察題留酌處耀之長子○高棟任直隸
長垣訓導○王維祖任壽陽訓　炳之仲子○王
就見丙子貢見任山東濟陽訓導○鄭斯郊孫
崇仁子戊寅貢初任　訓○王仰參庚辰
貢初任　訓

湖廣岳州府教授○喬光顏任桃源縣知縣○蘭宗夔萬曆丙戌貢任朔州訓導○鄭崇雅萬曆戊子貢任介休訓導○王詠萬曆庚寅年貢○賀階萬曆壬辰年貢楊鳳鳴萬曆甲午選貢問教丙申貢任靈石訓

應

鄭郊戊戌貢任潞平訓○劉澤萬曆辛丑年恩貢王耀萬曆庚子年歲貢安國臣萬曆壬寅年貢

應例王斌賢任山東德州吏目○王鍾任河南開封府檢校○閆錦任直隸徐州吏目○王嘉猷任直隸楊州府檢校○王木任陝西平利主簿二子炳煜舉人○王士○周朝綱任陝西鳳翔府照

○王穆任湖廣荊門州吏目○王士任陝西興安州吏目○鄭印○周朝宰○楊松○周詳

隆吉曰科貢得人彰明較著矣國非此不足以得士士非此不能以自達故志科貢而併列應例者於篇

坊表

已按坊表蓋為士之發巍科者也故或登甲科或登鄉科皆樹坊以光宅里鄉寧之坊有中而未樹者有樹而蕨圮者特表之以志懿芳

國朝應例

王贇任山東德州吏目○王鍾任河南開封府
撿校○閻錦任直隸徐州吏目○王嘉猷任在
隷楊州府撿校○王木任陝西平利主薄二子
炳煜舉人○王士○周朝綱任陝西鳳翔府照
磨○王穆任湖廣荊門州吏目○王玉任陝西
興安州吏目○鄭印○周朝寧○楊松○周詰
○隆吉曰科貢得人彰明較著矣國非此不足
以得士士非此不能以自達故志科貢而併列
應例著於篇

坊表

已按坊表盡為士之發巍科者也故或登甲科
或登鄉科皆扮坊以光宅里鄉寧之坊有中而
未樹者有樹而廢圯者特表之以志懿芳

恩榮坊嘉靖己丑為進士王培齡王與齡建
亞元坊嘉靖十二年為進士王培齡建
天官坊為吏部文選司郎中王與齡建
義民坊正統六年為義民王有祿奉 勑建

封表

己按孝子之至莫大乎顯親然則褒崇之典豈
非
朝廷之重恩哉故存則封之輝生閭里沒則贈之光
及泉壤榮幸極矣鄉有膺是典者特表之以志

顯揚

王爵以子與齡
勑贈吏部稽勲清吏司員外郎
王與齡
誥封中順大夫翰林院提督四夷館太常寺少卿

孝行

己按孝者百行之原也人子而有得於此則足
以風世勵俗而宗族稱孝鄉黨稱弟矣特表而
出之

王爵宣化里人以貢士任直隷薊州知州未仕時丁母憂哀莫盡禮居喪與父同榻者三年朝夕事父罔怠鄉人稱之

義民

己按世之人動以利相馳若王與張非所謂喻於義者耶百世之下為之感發

王有禄榆川里人正統年值祲饑莩相望禄出雜粮千餘石助賑饑民全活者甚衆有司上其事奉勅旌表監坊紀其事

張鐸宣化里人嘉靖間修建文廟戟門及城隍廟後宮傾貲不吝又施地十餘畝以為義冢鄉人以是堅之

鄭崇仁善蓋一鄉粟輸百石救荒人皆德之兩院題 請冠帶扁旌其門

節婦

己按王韞山含輝珠藏澤自媚言實不容揜也吾觀笄幃之流非有師友之指誨禮義之觀摩而能著志勵節矢死靡他此其操行真有得於天地之正氣者故著之於篇以志發潛闡幽之意云

師氏生員高榮妻夫卒師方二十歲誓不他適
師方往母家夫弟欲奪之改適氏覺之回至中
塗遂抱石投潭而死
高氏官閆嵩高妻嵩卒高年二十六歲遺幼孤孀
居守志後子亦卒氏獨居苦節壽至七十九絶
無訾議方没事聞錫扁旌表其門
李氏民趙仲福妻福卒李年二十三歲苦守堅
持誓死不嫁養事舅姑撫育幼子壽八十歲卒
督學使者扁表其門

崔氏文朝用妻用卒崔年二十五歲甘貧守節
誓不再適孝養舅姑撫育幼子其子文林省祭
卒能成立壽六十六歲嘉靖三十五年提學道
僉事楊扁表其門
文氏義官李希道妻道卒文年二十八歲節凜
秋霜志同金石教子讀書卒能成立年幾七
十人無間言嘉靖間旌表其門
曹氏民王朝德妻德卒曹年一十九歲遺子松
林甫五月母子相倚五十餘年霜節氷操始終

一致育子成立鄉人重之壽至七十餘卒萬曆
十八年知縣焦守巳申請提學道副使范錫爵
旌之曰貞節
王氏生員楊炎松妻松卒王年二十七歲勵節
孀居孝事舅姑教子讀書遊泮成名又能撫育
其孫楊鳳鳴貢舉選拔任河南沈丘縣知縣覃恩
壽年九十萬曆三十四年提學道副使周旌表其門[illegible]壽
隆吉曰忠臣孝子義夫節婦往往有之故立孝以
敎其倫抗義以激其清比亦鄉黨特主之行不可

使之泯泯無聞也他如師高李崔文曹王諸婦即
烈丈夫何以加焉顧曹氏以下堅持其節若亦或
有之而欲其榮膺旌典使得附於邑乘之末是
在觀風者耳

藝文

巳按在天為日月星辰在地為山川草木　天地文
章成於自然矣繼是而天葩層藻或頌于
綸綍寄思幽情或發於遊覽者雖不盡同然而紀事述
功撫時寫景則為詩為記為賦皆文也故志之以

爲文獻之徵

御勅

勅山西平陽府吉州鄉寧縣民王有禄 正統六年五月

皇帝勅曰國家施仁養民爲首爾能出雜粮一千餘石

用助賑濟有司以聞朕用嘉之今特賜勅獎勞

以羊酒旌爲義民仍免本户雜泛差役三年尚允

蹈忠厚表勵鄉俗用副朝廷褒嘉之意欽哉故

勅

碑記

重建文廟記

宋知縣劉舒

魯國聖人垂教後世天下孰不聞焉凡設學校樹誌石縫掖稱論者衆矣此不復書首善始京師宇內郡邑承風建祠俾春秋奠獻有歸禮仰其貌而導民化俗漸仁摩義之本源也鄉寧慈之古邑以附河水患公私務改邑爲訴皇祐三年始遂其請尋卜鄂侯故壘而遷置焉邑地接原壤民樂其居舒是歲被命理兹邑授署越三

日恭謁先聖之故祠觀其宫宇隘陋加之隳頽不堪其憂會此移邑乃於傳舍後卜得隙地餘畝可爲基址于是鳩工度材諏日經營遂命他山伐其木埏埴陶諸庀日番公隸版築外端先搆中殿次及兩廡棟梁合度丹雘不華至於繪塑聖哲盡出官緡儒宫一成不勞民力噫素王之道後人規之以安邦奉之以訓俗黔庶日用而安作邑君子升其堂觀其儀無忽諸道教焉茍道教不遵胡用廟爲深可戒哉舒才瑣無識

濫膺守人之任勉述蕪辭愧刊堅珉聊載移建
之歲月云耳

友山堂記

邑人王興齡吏部文選司郎中

木石先生耕田龍門之濱守道河汾之曲面崗
崗之山結木蘭之室晝與白雲同遊夜與玄鶴
共棲儼然獨處陶然自怡扁其居曰木石居名
其堂曰友山堂東麓先生過而問曰異哉先生
之名友山堂也余聞之舜居歷山友雄陶七人
文王居岐友閎夭四人君子以文會友以友輔

仁未聞與山友者也彼山者隤然巍然蒼然莽
然一積土耳彼何以為友先生亦烏得與之友
也木石先生莞爾笑曰是非汝所知也獨不聞
友也者友其德也益者三友損者三友友者所
以益己而長德也苟獲其益何擇於山苟無其
益何貴於人余之友南山翁也自重巋嵬如削
如斷余將資其嚴毅也雲霧吞吐辰象森羅余
將資其包涵也並基二儀跨跡五岳余將資其
廣大也巖巖峩峩萬古不磨余將資其悠久也

小上大下深遠莫測余将資其博厚也育群物而不變鎮河洽而不移余将資其深遠也油然而雲興沛然而雨作余将資其神化也雲峯霞岫草木生植獸嘯龍騰霓裳羽衣巍巍隱隱和

陰陽進出徵余将資其深遠高明也至於白雲在岩清風明月在户又有以啓余凌雲御風之思朝暮紫霞夕陽青蘿又有以動余飡霞辟穀之想闢門則入吾室開牖則入吾榻坐與余相對卧與余相匹彼亦不厭余余亦不厭彼始交不相親久交不見踈貫四時而不衰歷夷險而如一彼固無損余亦忘情彼雖無言余亦忘言盖不知南山翁之友余也余之友南山翁也其視世之交游以貴賤為炎凉視貧富為親踈者果孰得而孰失孰益而孰損乎客遂矍然而醒恍然而悟曰異哉先生之取友也有是哉先生之迂也唯唯而退余因書於石以為堂記

鄉寧縣儒學學田記

吉州學正即墨楊塩撰

學舊有田也有之自有司興學校始鄉寧未有

學田也有之自劉尹鯤池公始萬曆庚辰夏公來蒞茲土辛巳秋均鄉寧田正賦額畝之外得地四頃四十一畝乃均不隸於公私者繫之儒學為學田令里社之民出租以代耕俾庠之弟子得租以稭用其作興學校之意殷殷厚也學博樊君平君偕諸庠彥具事顛末以書屬余記之嗟夫學校之興廢人才之盛衰係焉古昔明君誼辟汲汲興學養士者豈徒修名以觀美哉誠欲得豪傑之士以翊

皇極康世道焉耳故當時之出于學用於時者悉讜論危言英聲勁節足以折奸雄之氣而沮遹者之心也劉公學田之給殆寓微意於其間矣歟諸士子天德其鎡基王道其耒耜先靈扃之田脩理陳義講學本仁以為耕種耨聚之預而穀種之美皆成秀實顯拔之英允與養給茲田者效用於時則熙載奮庸為

國家倚賴潛而未出則清議矜節俾懦衰畏服聞者見者皆曰此晉鄉寧豪傑之士也斯不負劉公為

立學之盛意也不然飽廩食而安齋居餙詞藻以徼利祿豈劉公之本心哉劉公諱昇山左昌陽人以明經起家其蒞鄉寧凡三祺餘清而不激嚴而不苛崇信厚恥鉤距論者以為得循吏云時擢守邠州因磨厓以識於學

鄉寧知縣李枝去思碑記

署縣事秦鄉進士鳳翔田疇撰

予自齠年已知西安李吾村氏蓋三秦豪傑也凡業鉛槧聞其名者咸切慕藺之思至嘉靖壬戌歲予叨取正學書院作養秦中名士至院者無不樂就吾村質疑辨難予亦得朝夕受益惟時已見吾村氏文章政事吐談不群嘗竊嘆曰吾村天下才也督學使淮海孫公殊見珍重無以廟堂器目吾村越甲子吾村氏以易經登秋闈高薦予得叨附驥尾遂為同志同年兄弟之知厚云後數載乃萬曆甲戌吾村氏以乙榜授諭臨汾居無何乃擢鄉寧尹三載報政擢大名府倅行矣萬曆已卯秋予以安邑學諭視篆鄉

寧至任之初見百凡傳妥舉有成績細詢之皆
吾村整頓力也三月謁孔廟泮宮之旁有卧石
磨礱大就特未樹力耳時王高二文學與諸弟
子員曰此吾村李公去思碑也吾村之寧是邑
善政種種上民共戴方欲丐筆文人勒諸貞珉
以重悠遠幸我公遥臨誠奇逢也願賜一言以
識吾村予應之曰夫思起於心思之為字心上
有田田者養也所謂養者非必家賜人益而後
名之也為民牧者凡有益於民興一利鋤一害

使民安享太平皆可言養養切於心而不容觧
是故思生焉思之而永於其去之後愈感愈不
能忘昔者睹河洛而思禹功享粒食而思后稷
南國思召伯而愛及甘棠吳人思羊祜而望切
峴碑古之人惟其有德化以及人是以睹物興
思如是耳吾村氏若是乎否也乃二三子謂予
曰李父母之在吾邑脩築城埒則思其保障之
功建立魁樓則思其文明之績加餙倉廒則思
其儲蓄之預祈禱旱澇則思其民隱之周置諸

書以遺多士且示以心傳闢學路以便往來又增以坊扁此重道崇儒之可思也催科不擾已有撫字之仁聽訟無私尤見平反之恕此愛民果斷之可思也給三農之種粒足免從士濟陰雨之柴薪可輸衆困其他更鄉賢名宦之祠建文昌齋宿之所一菜一果咸出俸貲老稚孤貧胥荷優恤凡此皆漸漬人心永不忍忘者奚翅田之加於心而興思者乎此去後之心不容已歟予曰噫嘻德澤之在人心果不容泯滅如是

耳大易曰有孚惠心有孚惠我德吾村氏得之今日鄉寧之思其諸河洛之睹粒食之享乎其諸甘棠之咏望碑之遺意乎厥後吾官位日崇德澤益廣思之者殆不止此一隅也予匪能文若謹述鄉寧士民之告語者書之鑿石慰彼永思云

儒學教諭王賜鍾

訓導高　經

闔學生員鄭都等

鄉民吳儉同立

邑侯焦公去思碑記

署學事舉人楊亨撰秦州人

焦公名守巳字允貞號莪泉山東濟南府之青城人公以癸酉捷壁經嵗魏科越巳丑來莅兹土睠兹地瘠民貧政叢務弛恫然嘆曰何彫耗若斯耶遂殫心刻意調停布置甫嵗餘邑之民若事犁然丕變循吏迄五禩徽猷嘉政彪炳耳目湛恩濊澤淪洽肌髓津津然稱上理矣無何報擢陜西平凉府別駕一時邑之縉紳陳錦等舉人王煜閻學生員鄭郊等鄉民賈廷器等僉相語曰公之治行海内為最比年以來莪等輩安若覆盂可令泯泯無傳耶繇是咸造庠廷乞余為文欲鐫諸貞珉以誌不忘余聞往者張方平之治蜀蜀既平蜀人思之老泉因為之記余雖非能文若蘇敢不嘵為之言書不云乎民心無常惟惠之懷言思之匪可以虛聲假也公之縮兹邑也

祠文昌星閣其興學育才之意可思建惠民藥局其濟人利物之心可思寬刑緩輸則思撫字之仁捐俸周急則思賑䘏之恩清奸蠹而吏無揶揄公聽斷而廷無寃滯順地粮以杜奸萌纂縣志以垂照鑑一切葺城建壇脩倉立門種種鑿鑿莫非甘棠遺愛縉紳父老之有是請也固宜噫嘻思亦難言也矣思之者下也而其所以思下非所以媚上致之思者上也而其所以思上非所以強下精神意氣融會流通蓋天真之不可觧者然余知公之深第未知公之何以得此於衆而深幸衆之郎逢其盛也故因其請紀之以詔將來異日功滿遷陞其勳竹帛而銘彝鼎者固自有在也區區一隅之思巳哉

温泉亭記

知縣張季霖撰

邇縣治坤離之交鄂山腹有泉自石潭出誌以温泉名不知其所自也迤流而西半里許至昭

遠山門栢陰下從石龜口出淙淙有聲下滙為
池池㴱西流折而北下沿山麓圃人分引之資
灌溉可愛也禪者每集栢影耳泉聲依是以息
沉空潛有根不染塵清淨相嬈雖然此其異道
幻化誣世界乾坤為塵埃贅疣者耳儒者多假
照遠講研暇憩栢陰眄泉流道機活潑盈科復
進日以成趣官之餘亦時或登眺節勞逸焉令
至官之二年覩斯泉焉而愛愛而病其無所底
也迺是相池之北山門東畚土築臺誅石懷鞘

四面若干尺臺之上搆小亭覆尾繞欄石敞而
方面可容數人坐焉即命之曰温泉亭從厭忘
也肇事於三月二十一日絡成於四月二十日
焉禪者儒者官者可感定繹襟懷視前為益妥
坐斯亭洗硯垢更注新水文思愈清問學淵源
擴而達之洗心沛為雨露何所不濟公餘几坐
洗心沾濡一邑滌污維新民可以識長年豈徒
曰溉圃以濟一民一腹已哉盥而鉢盂盪而青
蓮塵緣可淨貝葉淵傳異道亦永有托美夫搆

斯亭也非湜於逸而官而儒而釋沿相濡沫各
滁於度亭之作其益溥矣是為記

帝君祠泉石有銘　知縣楊鵬　新城人

有高斯山有清斯泉山澤通氣自古為然何幸
茲土二事俱全餕可玩飽垢可濯鮮利我蒸民
於萬斯年

鄉寧縣新建帝君祠碑記

署學教諭舉人楊亨撰　泰州人

梓橦帝君按神姓張其先越巂人因報母仇徙
居劍州之七曲山仕晉戰沒人為立廟唐玄宗
西狩追封左丞禧宗入蜀封濟順王宋咸平中
改封英顯又按文昌六星在北斗前為天之六
府道家謂上帝命梓橦神掌文昌府事及人間
祿籍故元加號為輔元開化文昌司祿宏仁帝
君而天下學校亦多立祠以祀之矣鄉寧帝君
在南山西向與文星無補時萬曆十七年青城
焦公來尹是邑甫下車見其百務俱廢慨然以
興復為事而於學校尤加之意維時脩壇壝以

行裡杞築城池以固保障葺倉庾以實積貯建
旌善申明亭以彰善癉惡創縣志以徵文獻諸
凡廢者脩墜者舉煥然改觀仍捐俸銀卜得隙
地於東南山之巔先任李公枝所建魁閣之左
為帝君祠以主之命縣典白子衣巾生冒汾董
其事剪荊棘礱礎陶甓勤垣墉制正殿三
楹塑像其中東西各二楹前坊一題曰文運亨
嘉後移鐘懸之以肅晨昏自辛卯夏肇工至秋
而畢役焉既而致祭洛成見其夕陽晚照霞光

掩映香烟襲人灰飛繞殿亦一時山高神顯地
靈人傑之驗也噫公之為斯文計者至矣庠之諸士子咸發興起睹樓閣之巍峩則思嚴正以立身觀侖奐之輝煌則思光大以淑心聞鐘声之震響則思朝乾夕惕以砥行礪名斯哉公立祠之盛意哉乃若後之繼公而宰是邑者体公之心圯則脩之廢則補之俾此祠此閣與文運並盛茲又為記意也

鄉寧縣新建帝君祠碑記

邑人喬光顴撰

夫帝君之名何昉乎在天為文昌在人為司祿
故曰九天開化文昌司祿宏仁之神以故儒生
多祀之鄉寧舊有帝君在縣治西南山與黌宮
相背邑侯熊大夫以東魯名家己丑歲奉

命来尹是邑甫年餘庶事畢舉百廢俱興一日公暇遊於南山之巔四顧山河悵然有感於中曰地靈人傑自古信之風氣之所關於人才豈淺鮮哉迺與諸生履石而上步自東南突曰佳哉山也形勝拱合層巒列嶂然於文星則稍缺焉遂捐俸金另建文昌祠以匡翊文運命縣佐白君衣巾生閆汾鳩工集材圬墁甃甓築結盤基繪塑神像其正為殿其前為坊坊之扁曰文運亨嘉其旁為廊右側有樓臺掩映奎壁爭輝諸生

曰比往者李公建也乃命即其奎樓下設以鐘簴懸洪鐘與其上晨昏鳴之自辛卯夏至秋而其功成焉猗與盛哉制據東山楹傍南極複道逶迤瑞彩接蓬萊之雲氣層軒朗豁光華映廣寒之是文則不惟神有所依人有所仰學者亦得以有所造就士之激昂奮勵取青掇黃薄雲霄而上之未必不取基於斯俾之有功於學者實多焉固宜觀廟貌則崇仰止聆鴻鳴則重聲價誦其德歌其改美其功揄揚永久耿耿而不

磨也噫嘻日出東方照臨四方我侯之澤與日共長鄂山其高鄂水其深有懷我侯山高水深

謹以此爲記

詩

聖壽神鐘

宋晨教諭

嵯峨殿閣梵王宮法語嵩呼祝
聖躬老衲禪機偏閒寂朝來不語叩神鐘

又一首

進士秋官員外河津薛禩

五更殘月下西廂忽聽鐘聲自上方不是老僧頻禮佛定應萬歲祝
君王

又一首

李樹教諭

山城天散曉鐘撞梵王宮響動蓬瀛騰聲希滄海紅催殘千里月斷送五更風
聖壽專名寺山呼在此中

鄂城晚照

李樹

荒烟殘壘舊離宮高倚山隈氣象雄往日管絃歌舞地於今鳥弄夕陽中

又一首　梁瓚訓導

晚霞映山巔風光另一天登臨傷往事俛仰羨晴川花鳥隨時盛民家比歲聯清流潺湲處疑是有神仙

又一首　知縣原述

南山高處舊鄂城遺址荒凉映晚晴半壁山紅天欲暮一川水冷月初生當年勝槩空留跡此日風光尚可評懷古尋幽空悵望野花啼鳥總關情

昭遠清泉　原述

昭提幽寂絕塵埃澗水潺湲遶翠臺車馬不來人迹少山僧禪定悟輪迴

觀泉一絕　淇源子題

嶺畔松篁石上雲泉神何故自慇勤看來不識人間事流盡古今多是君

昭遠寺　裴巢雲題

不知何處可追遊乍入禪林景更幽石古苔深無客到月寒山靜有雲收兩灣活水開僧眼一

帶青山聳佛頭此是人間真福地何須方外訪

丹丘

又　前人

再入昭提境一天秋色清幾片雲生袖一枝栁

在瓶石潭龍脫骨松徑鶴梳翎老僧同榻處盡

日話三生

游昭遠寺和壁間韻　滿城王用儒訓導

每擬投閑勝處遊忽來野寺最清幽上方日晏

僧遊定右栢光寒霧未收一水涓涓鳴石竇群

山點點出峯頭留連更愛夕陽好載酒何妨醉

一丘

栢山二首　李樹

擾擾紅塵裏陰陰桃李春獨看闌外栢如面歲

寒人勁節凌霜見孤真對雪新自甘膚朽肩應

與爾為鄰

又

萬仞崔嵬倚碧空層巒疊嶂勢重重幾回乘興

閒登眺無限風光一望中

栢山堆翠　冦恕教諭

東山高處栢森然飽受風寒不記年試看衆芳揺落後獨堆翠色傲霜天

栢山懷古一絶　王用儒

烈烈荀君晋室雄一言許國竟成終至今古栢凌霜翠猶似當年勁節風

晋文遺祠　冦恕

早年伯業名青史今日遺祠在此間祀典不供空有像祇聞澗下水潺潺

晋荀息祠　梁瓚

營伯當年業遺宮此日瞻歲時無祀典風日有烟嵐山水窮年秀衣冠暮雨寒伐原昭青史贏得後人譚

禹門汲浪　李樹

黄河水勢自天來三汲禹門瀉未迴二月春風桃浪暖魚龍争躍一聲雷

登禹門和前韻　薛基

雄濤直向禹門來滚滚長流瀉未迴試看錦鱗

頭角變從教平地起風雷

登禹門有感　王用儒

今古奇觀聞禹門登臨始信非虛論平成永賴神禹力疏瀹猶存斧斤痕絶岸千尋穿地穴往瀾一派瀉天閽茫然疑在崑崙上奚待乘槎問水源

登塔子山望黄河　知縣王賢

立馬塔山最上頭黄河如帶眼中流自從混沌初分後明月清風幾度秋

題壺口三級浪　安肅邢雲路臨汾知縣

不淺豪梁與探奇入禹門魚龍爭破浪天地共翻盆俱是乘槎客同傾泛玉樽巨靈容縱目塵外滌囂煩

三級浪出五色潮氣　前人

星海崑崙關此間逶從銀漢瀉潺湲神龍作雨傾三級逆浪飛空撼萬山氣吐五色蒸地澤醉容雙眼傲天關乘潮帝子今何在咫尺風雷若可攀

再遊龍門　前人

曾入天台路未迷重來不必問漁蹊尋源直遡黃流上躡嶠應升碧漢齊輕蓋影飛孤嶼外浩歌聲落大河西更憐山水俱同調醉裡新詩可共題

中流砥柱　前人

寓目迴瀾處中流氣色輝風濤吞日月雪浪濺乾坤地踞三門險天縈一柱尊行人多過此應有未銷魂

避兩廉將軍祠　河南王雲鷺　潞安府推官

故將此猶廟遺邦父已墟藺生惜兩虎趙括讀何書著飯人空老黃金世不殊曉風山次兩惆悵一回車

和王四府韻　王用儒

兩虎關廉將祠存故趙墟臺荒斑蘚剌壁古篆蟲書戰伐却秦計才名嘆漢疎清高儼肅像猶下使君車

踏地有感　王賢

百里程無十里烟半石半嶺半荒田鳥聲隱約
愁前過馬蹄稜層覺度難縹野有烟空洒泪青
衿無語暗驚寒祗今民瘼勞
明主細寫丹書達上天

踏地有感　知縣張一敬

踏地曾行百里川石沙茅草伴山田孤村不見
人烟合曲徑空聞犬吠連經濟有心學製錦荒
凉無計自烹鮮憑誰寫出流離狀直報
九重御扆前

鄉寧臺城禾生一莖二穗至三四穗者為賦紀瑞　邢雲路

堯舜垂裳日皐夔布澤年太平真有象四序總
無愆植物知天貺嘉禾得化權惠風翔繡陌甘
露沃瑶田的的金穰合亭亭玉本連靈芝難粒
食朱草失芳妍德協姬公聖仁歸濟令賢持之
獻
天子應繪瑞圖篇

瑞穀詩　左世奎吉州知州

六載勞君報政期尭田瑞穀故垂垂化成蝗避
今三異澤滿禾登又兩岐淑氣叢分金帶種靈
穣共結露華甤慚予河上無多潤為愛棠陰草
素絲

行役鄉寧因踣簿書感賦

襄陽楊正芳 平陽府推官

拙政空勞力終朝擁簿書蒼山應失笑華髮竟
何如且坐長松下清謡暮雨餘皇風久淪沒使
者日巾車

立秋後一日過石𤨪鋪題壁

逆旅無賓主前山與後山驚看一葉下悵悵水
雲間
秋令纔一日秋風却滿山不知北去鴈幾陣返
蕭關
秋風吹短鋏驛路入雲巒不到千峯頂誰知天
地寬

隆吉曰古今登覽之文若記若賦若詩名雖不
同而其寄興高遠發舒性情固遊觀者所不廢

也是用續諸簡編使博古洽聞者考焉

署鄉寧縣事翼城縣主簿關中李淳仝刻

文林郎知鄉寧縣事關中奉天李冉茂重刻

鄉寧縣志卷之五

食貨志

按天地生物以養人人賴美利以自養本不容一日缺者鄉寧之產雖無異物奇品然而民生日用之常四服儒食之需亦可自裕一方之用謹類次之

穀之類

黍 稷 粱 大麥 小麥 蕎麥 燕麥
黃豆 豇豆 菉豆 豌豆 匾豆 黑豆
小豆 粟 麻子

蔬之類

葱 韭 芥 蒜 白菜 蘿蔔 [illegible]茄 蔓
菁 菠菜 莙薘 萵苣 葫蘿蔔 苦蕒
芫荽 豇豆 龍爪豆 王瓜 南瓜 菜瓜
甜瓜 絲瓜 西瓜 匏子

果之類

桃 李 杏 棗 梨 核桃 榛子 柰子
林檎 松子 櫻桃

藥之類

甘草　荊芥　蒼朮　五味子　南星　遠志

茯苓　黃芩　兔絲子　柴胡　茵陳　茴香

大黃　薏仁　桔梗　天門冬　山藥　紫蘇

薄荷　升麻　麥門冬　地骨皮　覆盆子

連翹　半夏　牡丹皮　馬兜鈴　枸杞子

玄參　芍藥　酸棗仁

木之類

松　栢　槐　椿　榆　柳　桑　青楊　棠

樗　楸　皂莢　楊　椵

花之類

菊（品種亦多）　牡丹　雞冠　萱草　石竹　金盞

金簪　玉簪　荼蘼　葵　黃葵　木槿

紫荊　月季　水紅花　十樣錦　剪紅羅

薔薇

畜之類

馬　騾　驢　牛　羊　猪　犬　猫　鵝

鴨　雞　鵓鴿

禽之類

鷹 鴿 鳶 雀 燕(春来秋去) 鳩 烏 鵲

鴉 山雞 野雞 鵪鶉 布穀 蒿雀 鴞

麻雀 啄木 黄鸝 寒號

獸之類

虎 狼 狐 麞 麅 兔 野猪

雜産

煤 炭(出東山西山南山) 石灰(青石為之) 木炭 堊土 鹻

隆吉曰食貨者志乎土之所産也故黍稷稲粱禾麻菽麦嘉種誕降自后稷迄於今享粒食則知稼穡之艱難至於蔬有蒔於畦圃者有出於田野者夭喬惟草木羽毛為禽獸吐蕚則為花結實則為果藥味則為世人扶顛起死以弘濟壽域煤炭木炭其可燎者石灰堊土其可墁者鹻則其可器者頗為民利諸如此類雖貴賤不同美惡不同要亦志乎一邑山水之所生者故併次之

雜撰志

古蹟

已按代興時更物隨世變居今考古匪蹟曷因故古之名賢剏跡於當年垂休光於後世勝蹟昭然迄今猶有未泯者故併志之以繫人之遐思云

盤古王川在縣西一百里○倚梯城在縣西南八十里東北據高嶺西南瞰黄河絶壁百餘丈

後魏文帝西巡至此今剝落○泊城在縣西三里即古鄉寧縣因附河患水廢址不存○長寧廢縣在縣西四十里今改名西寧村○呂香廢縣在縣東南八十里後魏置昌縣後廢隋末復置唐貞觀初更名曰呂香五代周廢○禹門治西一百里○龍尾蹟在縣西北一百里舊有巡檢司今廢○鄂侯城縣南里許即鄂侯故壘○屈家溝在縣北四十里即古所稱産良馬處○龐統峪在縣南八十里三國時龐統居此地○

鳳谷本縣西八十里三圖都鳳治方一舊馬○
鳳谷莘市縣南四十里精武斜量對量○
錦戶今裁○郡縣游縣南里村精絲○
西一百里○許今報本縣西北一百里其不○
巡馬貢賜詳東公山昌者正六圖縣○禹四圖
縣本縣東南八十里武陛昌縣斜義縣前本縣
秦錦安縣西四十里今戌名西南彝本○
里甲古國等縣西前氏裒未參武不拾○寺縣
新隆大帝廟西今縣義○武威本縣西三
八十里東山縣唐黃西圖藤百錄之六
縋十三本縣西一百里○錦本縣西南
明治
品宋前令龍武未來被其以入之四
政古义賀報於當羊童朴未飲世相親
乃縣人興起更始世襲其今裁古里圖品田

古蹟

縣志

松阜縣志卷之六

讀書洞在縣南八十里隋王通讀書處也通非邑人而祀入鄉賢以此○袁達寨在縣南六十里七國時袁達所據有清平寨八角寨三寨跂然相距各三十里○滴水崖在縣西南八十里有滴水神泉其崖高聳峭壁萬仞中有石洞唐時重脩佛龕崖上有清泉滴流多取之不見其少不取不見其增傳以爲靈異焉

隆吉曰封内古蹟若盤古王川若鄧侯城若龐統峪若讀書洞若袁達寨皆古人遊止處也夫古人往矣其遺趾在焉或曰屈家溝即所稱產良馬處或然或否而滴水神泉則囿耳目之矣至於禹門龍尾蹟則汲浪噴薄泱漭奔湧雲靄變態魚龍出沒蓋天下之奇觀也此一蹟甲海内焉它何論哉

祥異

巳按災祥示人豈不昭昭然祥以符德災以告譴天意詎有常哉惟履祥而益勉故享有佳禎遇災而知惧故妖不勝德斯義也豈特聖君賢

所宜兢兢即膺一命擔一爵者罔不有挽回氣
化之責毋以災祥為漫然而不加脩省與
宋大中祥符五年四月慈州民饑鄉寧縣山生石
脂如麪可為餅餌
國朝嘉靖三十四年十二月十二日地震廟學俱
壞○萬曆十四年八月内嚴霜殺禾○十五年
八月雨雹殺禾○十四年十五年連遭大饑民
多食石脂甚則人相食○十六年八月大雪至
秋臺城嘉禾生有一莖二穗至三四穗者

陰吉曰愚聞之子產云天道遠人道邇君子亦
求諸邇而已矣盖在天之天即在人之天也天
有災祥人有敬肆二者相應若影響然苟能致
祥於未兆消異於未形則太和自集嘉禎荐臻
矣又何災異之足云

祠廟

晋文祠○荀息祠在縣東十五里栢山上宋建
隆五年建○后土廟在治東關金大定中建至
正中重脩元貞元年重脩 國初洪武年重脩

萬曆七年重脩○禹王廟在治西一百里即禹門○二郎廟治西一百步嘉靖五年建○三官廟在治北城外嘉靖二十年建○天神廟在治西關外成化元年建嘉靖十五年重脩○先皇廟治西四十里○三結義廟在治西關外嘉靖二十七年建○龍王廟治東二里○老君廟治北城外正德十六年重脩○七郎廟治東九十里○東嶽廟治東十里○天神廟在治南七十里○廉頗廟治南二十里尖山上○大郎廟治東南一百里○白起廟治西南三十里林山上

寺觀

昭遠寺治南一里龍翔三年建萬曆十八年重脩○能仁寺治東十里○清涼寺治南二十里靈岩寺治東八十里○西成佛寺治南七十里蓮花寺治西九十里○雲中寺治西一百里塔子山上○三聖院治西四十里　聖壽院城東北隅皇慶元年建成化二十二年重脩正統三年重脩弘治九年重脩　玄真觀治西門外天基臺上　翠微觀治西七十里

郷里先是二十四里正德間併一十六里嘉靖間

併一十六里萬曆間併十里今又併六里

宣化里 附郭 金城 衛璧 美泉

上榆 台城

跋鄉寧縣志後

邑侯焦公綰綬於茲既巳移風鼇治翔洽德敷美洒興學博梁君首事志謀剞劂布馬夫志史例也徵往訓來備采風之典邑匪志曷徵志匪當於義雖徵弗信巳鄉寧置邑嶼中即蕞爾如斗大亦唐虞之墟也樸茂其俗憂勤其民思居如一日巳曷令志久湮靡攷非守土者責哉侯惟是昕夕係心茲務洒與梁君及楊君卒述往衆參以墳典更旁諮故老論次其文越嵗而成編自輿地田賦至雜撰止質非俚辨非華傳無疑矣邑藉以不朽者意在斯乎夫以邑之靈閟於昔日者始顯焦公實任其勞志出而布之四方不令絲貴哉邑不名也得志成而邑名山靈有知無不逌然生氣矣

萬曆壬辰首冬朏日德藩長史陳錦跋

圖書在版編目（CIP）數據

（順治）鄉寧縣志 / 鄉寧縣檔案館編；張文喜主編．
—太原：三晉出版社，2019.10
ISBN 978-7-5457-1977-2

Ⅰ．①順… Ⅱ．①鄉… ②张… Ⅲ．①鄉寧縣—地方志—清代 Ⅳ．① K292.54

中國版本圖書館 CIP 數據核字（2019）第 272612 號

（順治）鄉寧縣志

編　者：鄉寧縣檔案館
主　編：張文喜
責任編輯：張仲偉
出 版 者：山西出版傳媒集團・三晉出版社（原山西古籍出版社）
地　址：太原市建設南路 21 號
郵　編：030012
電　話：0351-4922268（發行中心）
0351-4956036（總編室）
0351-4922203（印製部）
網　址：http://www.sjcbs.cn
經 銷 者：新華書店
承 印 者：揚州文津閣古籍印務有限公司
開　本：890mm × 1240mm　1/16
印　張：15
字　數：150 千字
版　次：2019 年 11 月 第 1 版
印　次：2019 年 11 月 第 1 次印刷
書　號：ISBN 978-7-5457-1977-2
定　價：580.00 圓（一函兩册）